Pájaros migratorios
Lourdes Olmos-Cunningham

Para Martha y Montserrat,
mis madres psíquicas,
porque me mostraron un
caudal distinto.

Lourdes Olmos

Monterrey, Nuevo León, 1967. De formación autodidacta. Ganó el Premio Estatal de la Juventud (CREA) EN 1989 Con el poemario **"Colores para Gritar"** el cual fue su primer estímulo para seguir escribiendo. Ha publicado en el periódico *El Norte* y en el Suplemento Cultural *"Aquí Vamos"* del periódico *El Porvenir* (ambos de Monterrey, NL.) así como en revistas tanto locales como nacionales, entre ellas: *"Tierra Adentro"* **(México, DF);** *"Cultura Norte"* (México, DF.); *"Coloquio"* **(Monterrey, NL.);** *"La Colmena"* (Monterrey, NL.); *"Utopías"*, Facultad de Filosofía y Letras de la UNAM, (México, DF.) y *"La Doble Jornada"* , Suplemento Cultural del periódico *La Jornada*, (México, DF.).

El escritor Héctor Carreto la incluyó en su antología **"Poetas de Tierra Adentro"** (México, 1993). En la generación 1995-1996, fue becaria del Centro de Escritores de Nuevo León en el rubro de poesía, coordinado por el escritor Héctor Alvarado con el proyecto **" El Café de la Aurora"** (inédito).

Posteriormente, en Tamaulipas, fue Becaria también en el rubro de poesía (Generación 2000-2001) en el ITCA, Instituto Tamaulipeco para la Cultura y las Artes,

Ha publicado: **"Apuntes sobre una Mujer de Agua"** en la Editorial Cuarto Creciente, Edición de Andrés Webster Henestrosa (México, 1993); **"Vientos del Norte"** (plaquette), edición al cuidado del escritor tamaulipeco Juan Jesús Aguilar; (Tampico, Tamaulipas. 1999) y **"Los Rituales del Siglo"** publicación junto con el poeta Gilberto Trejo, (primer lugar) los dos poetas ganadores del XVI Concurso Estatal de Literatura *"Juan B. Tijerina"* en donde su trabajo **"Heroínas de Papel"** obtuvo segundo lugar. ITCA, Instituto Tamaulipeco para la

Cultura y las Artes, (Tampico, Tamaulipas. 2001).Actualmente radica en la ciudad de Dallas, TX.

Invocación del fuego

Despertó azulosa y áspera esa mañana de fría incertidumbre, cuando lo encontró reclinado sobre la reja de los edificios vecinos, mirando la secreta huida de las luces en los balcones y jardines de la ciudad. Caminaba sonámbulo y sin fronteras sobre la banqueta contraria al edificio del refugio de la *Next Door*; y hasta entonces lo supo lejano. Sintió que la soledad era herrumbrosa y un tanto impersonal, incluso durante la hora más lúgubre del día siempre se las había arreglado para salir adelante. Viajaba en una especie de eco animal, un lamento que se extendía en las inmediaciones de la noche y continuaba rumiando su veneno musical durante las primeras horas del alba. Lucinda se sentó frente a ese ángel desvelado y le ofreció su encendedor de nácar como una secreta caricia, como una iniciación del fuego entre ellos para esa noche nevada. El, disimulando, comenzó a fumar, estudiándola a fondo y estuvo así, por un buen rato.

Daniel de Miel le comentó a Lucinda que en alguna vida anterior creyó haberla visto, porque su perfume y el espeso bosque en su mirada le eran familiares. Lucinda le miro con una desconfianza poco habitual en ella, quien también estudiaba el mapa de su rostro, confesó que Lucinda pensó que Daniel no sabía muy bien lo que estaba diciendo; tan apesadumbrado como estaba todavía por el uso de narcóticos a esas horas de la madrugada cuando el frío se concentra, fue cuando ella descubrió ese fino y casi imperceptible lunar bajo su mirada de estrellas, tan bajo al firmamento salino de su piel, el fino y delgado declive de su nariz como un montículo, y esa boca que, insistió, le parecía haber besado vidas atrás. Ahora vivía con una sonrisa diáfana y perturbadora que parecía un riachuelo. Lucinda recordó que los ojos de Daniel eran antes vivaces con una mezcla de tonalidades entre verde y café y ahora parecían dos aceitunas que a su pesar se entremezclaban y cambiaban su tonalidades en el traficar de recuerdos. Algunas veces se entornaban para mirar con un extraño resplandor demencial, como quien piensa algo terrible y luego se retrae. Caminó junto a él hasta perderse en el portal del alba. Lucinda me confesó que tuvo que adaptarse al amargo silencio y esa ansiedad que padecía Daniel. Entonces los brazos de Lucinda se convirtieron en una enredadera y abrazaron a Daniel. Recordaron cuando juntos treparon entre los árboles de agosto dilatándose en el desmesurado espacio de sus ramas y hojas. Algunos peatones saludaron con cortesía a la pareja. A las seis de la mañana conversaban tomando un té de raíces, una vez más en el jardín del barrio chino. Continuaron su recorrido mirando hacia el cielo, y el cielo los saludó a su vez con precipitaciones futuras, aviones y satélites y diminutos puntos plateados que explotaban a los primeros albores del día. Supieron entonces que tenían que encontrar un refugio tibio y seguro para acallar juntos sus más íntimos secretos y se dieron a la tarea de continuar su recorrido; esta vez entraron en una fábrica abandonada y les pareció conveniente refugiarse ahí por unas horas. Daniel encendió una pequeña hoguera y propuso a Lucinda fumarse un cigarro mientras le hablaba con señas allí donde el silencio reinaba parecía como si flotaran bajo el agua y así, arrullados junto al calor de la hoguera y el encierro de aquel lugar, se quedaron dormidos despertando tres horas después para darse cuenta de las cuatro de la tarde y aún les faltaba recorrer las aceras aledañas al jardín; ambos se marcharon de aquella lúgubre ciudad perdida dentro de otra ciudad, canturreando en voz baja y con una espesa niebla sobre sus cabezas que ascendía como incienso y se quedaba a vivir en el interior de las nubes. ¿Necesitaban preguntarse acaso que era lo que les acercaba y les hacia rechazarse?

Daniel encendió el fuego aquella tarde para alumbrar su camino junto a Lucinda en completa paz y camaradería; deseaba encontrar junto a ella ese hogar al que finalmente todos anhelamos llegar.

Enciendo el fuego para iluminar el insomnio
Y renovar el fragor del viento entre hojarasca.
Enciendo el fuego
para quemar los fatídicos errores de la historia,
al menos los de Santa Ana y Napoleón.
Enciendo el fuego,
 Para quemar mi anonimato de las sombras
y mi corazón, hoy sereno no se desboque como fiera
precipitándose por el vertedero de las noches de invierno
en las que el insomnio se profundiza.

Si enciendo el fuego en la estación más lúgubre del tiempo
Tal vez la inmisericorde tormenta de preguntas cese.
Enciendo el fuego
Porque el pasado es una gacela veloz y silenciosa
que avanza
Sin la mas mínima esperanza de ser de nuevo visto.
Enciendo el fuego innombrable, inasequible, ingobernable
para quemar en esa hoguera luminosa
todo lo absurdo y fútil entre nosotros.
Si enciendo el fuego, ha de ser porque esa incesante llama
me retorna al azul,
ese institucional color puesto en los muros de la casa de mi abuela;
 el azul de mi infancia es diametralmente distinto
 al que Carlos Payan pinta en sus cuadros,
 ese hombre lunar que me regalo el azul y el intento.
 Si enciendo el fuego
 lograre quemar en esa hoguera luminosa
todos los malos augurios y patrañas de la historia.

.

Perdona el desorden

Tendré que acostumbrarme a esta nueva idea de la refracción
y convergencia de la luz;
al olor de los pinos que se incendian con el mínimo roce del sol.

Encendí el fuego para quemar lo antiguo
lo entendió mi madurez precipitada,
no hay disfraz de crueldad, vanidad o falso orgullo
que al final no sea develado.

Perdona el desorden,
si me acerco al fuego,
al menos estaré a salvo en la estación venidera;
el fuego cauteriza las heridas encapsuladas
en el ADN de las hojas de invierno que caen imprecisas de los árboles;
perdona el desorden que provoca este inminente olvido
los laberintos de mi memoria están ahora en construcción
y no hay motivo íntimo que me guié
a buscar una salida de emergencia,
sumergida en el pantano,
con las piernas todavía fuertes para sostenerme,
continuo mi recorrido hacia el rescate de los geranios
dulces criaturas tristes
enmudecen de olvido.

Casas de Beverwijk

Pequeñas casas de ventanas abiertas
y lámparas nocturnas;
historias de hombres y mujeres
que habitan un tiempo delicioso
de estrellas de mar bajo la arena.
Las cafeteras aún silban puntuales
el ritual del pan y los peces.
La luna reflejada en la oscura hidrografía
de los canales de Ámsterdam
es todo un espectáculo, sin duda ahí
yacería inmerso un corazón encantado
por un centenar de años.
Casas cubiertas de hojas,
la helada y pálida faz de cobertizos y fachadas,
la dedicación y el empeño de sus gentes
por sobresalir al ángulo solar.
Contemplando esta pasión añeja
por los árboles desnudos que exhiben su esqueleto
me convierto en árbol,
bailo a merced del viento justo para la floración.

Tirados en la alfombra de verdor de nuestro lecho
conversamos y la lámpara es un pequeño sol de medianoche.
Acompañas mi sonrisa dispuesta a recibir
la mirada de tus ojos que me tienen fascinada
¿Qué hay de la lealtad que guardas en el portafolios,
del oleaje de tu sangre que me llama
e inevitablemente me distrae?

Ho amado mío! es que yo...
¡me distraigo tan fácilmente¡...
me agobia el mas mínimo roce de tu cuerpo
que se extiende sobre las blancas planicies de la cama
aquieta mi miedo al futuro incierto
mi condición de flor que aguarda y extiende sus alas a tu encuentro

Tu abrazo agiliza mi piel llena de escamas,
si elevo un grito
para cuando me besaras y los besos de tu boca
se diluyan entre el vino, las amargas heridas,
tus palabras cargadas de amenazas,
y tus viejos rencores,
no asesinen los pocos recuerdos gratos
como la fragancia de tus perfumes.

"Ho amado mío tu mismo eres bálsamo fragante!"
 hazme del todo tuya date prisa
Llévame hoy rey a tu alcoba."

Belonging to the summer

> "No había nada por lo que rezar, si acaso una oración
>
> Suplicando la continuidad de aquella sensación"
>
> Soledad Jiménez, (Presuntos Implicados)

I

De nuevo la nostalgia
se agudiza en las estaciones del tiempo.
Extraña isla que me aísla
por los cuatro puntos cardinales.
Anhelantes días de sol
recluida en el color añil del abandono:
fue mi destino amar árboles y rocas,
"el otoño recorre las islas".

II

En cambio yo recorrí largas avenidas en verano
caminaba sobre la cuerda floja de mis emociones,
mis huesos emprendían su peregrinación
hacia una madurez aún distante;
era el inicio,
el soportar la caída de mis incipientes ánimos,
orgullosa pies desnudos,
tropezaba en el cemento caliente de las aceras
y soñaba recostada en la alfombra verde de los parques.

III

Irrumpes la avenida cubierta de cipreses y almendros
bajo un cielo de tormentas ;
absorbes el cálido aroma de la brisa del este,
sí, debe ser esa brisa
que a estas horas te remite a tus divagaciones,
al rumiar de un oleaje verdinegro
que confunde tu dirección al caminar

IV

Quise extender mi abrazo para reconfortarte
pero una fuerza desconocida me arrastró
hacia las altas copas de un sueño
sitiado por una multitud de ojos
donde saliste al encuentro.
Descansa pequeña,
deja que el dióxido en ti crezca
y envuelva tu aliento.

Desvelo

"Por las noches, sobre mi lecho
busco al amor de mi vida;
lo busco y no lo hallo".
Cantar de los cantares

Entraste a la recámara iluminada por una tenue luz crepuscular.
Ahí, la nostalgia y el desvelo
son un montón de sábanas revueltas sobre nuestro lecho
húmedas aún por el deseo.
Ahí vagan peces, hojas secas, manos, vísceras
de los amantes náufragos que somos.
Hiedras trepadoras se enredan en tu insomnio,
en el silencio ocre de las mañanas de otoño
cuando avanzo con torpeza y me confundo entre sombras;
escucho tu voz que moviliza la casa entera;
veo con dificultad tu amenazante figura de león
que clama al primer café de la aurora.
Una corriente de aire helado se desplaza hacia mí
en este remanso de olas que envuelve mi sueño,
es esta roja piel que arde todavía de deseo
como ave de gastados bríos decantando la mañana.

Neerlandaise

La dulce Viescke,
fuerte y enamorada todavía,
recuerda una niñez de leche y miel
bebe chocolate amargo con patatas.

Montserrat

Aunque débil es mi olfato,
todavía percibo el aroma de las flores que marcaron tu inicio
y que nunca perdieron su fragancia
a pesar de los innumerables viajes sin retorno
donde las distancias se acortaban cuando estábamos mas lejos.
La blancura de tus palmas me dicen
que te aguarda una vida nueva y decorosa,
la dulce y todavía frágil infancia que atesoras,
el amor por las conversaciones que el tiempo apremia;
y la dicha que navega el viento de tu juventud.
Ahora que te observo en perspectiva
puedo traducir tu universo razonado,
tu pensamiento abstracto
me habla de la ganancia y la pérdida mutuas,
que soplan como mi mas severa intuición.

Llegaras lejos, hermana, madre e hija mía,
Se que lo harás;
Un día tu silueta se debilitara a lo lejos,
Al cerrar mi puerta.

Lagunaria

Por entre las hojas, oscuras aguas se perfilan
insinúan palabras convertidas en esfinges;
ululan lejanías en la humedad corpórea de los vientos.
Vapores se convierten en súplica y algunas veces...
abren la puerta del tiempo
hacia la plenitud de un azul crepuscular,
quizá me contagiara la risa y me legaran el secreto.
Flores marchitas naranjas o amarillas
para tu día de muertos;
flores,
flores de palma que trae el tiempo hacia ti
flores amatistas, crisantemos,
xempazuchitl y azucenas
semejan cardos y espinan tus mejores intenciones
en las ondas de luz,
en el filo de las corrientes que albergan
la palidez de un cuerpo que deambula por los canales de Ámsterdam
la transparencia del zafiro en su miríada
abrillantando la noche.

DESEOS Y ARREBATOS

La reina de los corazones rotos

Ella caminaba ataviada de un mágico encanto
bajándole el dobladillo a su alma agónica y torpe,
deteniéndose inconsolable en galerías y pasillos.

Ha descubierto que la amargura es la humedad que carcome los
corazones.

Ella sabe que la angustia es lo de menos,
atesora en su haber varios cadáveres de romances pasados
como fieros ejércitos internándose en su débil memoria.

Soy la reina de los corazones rotos, se repite insistentemente,
deambula por la alborada intranquila su palabra,
su pensamiento errante,
sus ojos de fiel ceremonial izados como banderas
tratando de guardar a toda costa
su intuición, su buena estrella y cuanto tesoro humano pudiera
resguardarse
bajo su piel morena de lucido liquen,
mordía anémonas tan metida en sus asuntos.

La dama de las espadas sonreía y el esmalte de sus dientes proyectaba
otros mundos de muérdanos su sombra. Ella hablaba una extraña lengua
que sonaba a hierbas secas y raíces, un canto lejano y antiguo que se
enredaba en su lengua y en su mente, donde milenarios pájaros
bordaban las mangas y el escote del vestido victoriano.

Deseos y Arrebatos

Por esa luz tan decididamente blanca
como la del poema de Neruda en Ceilán
y que de veras me hiere
los cuatro puntos cardinales del alma;

desde la desvencijada tarde que palpita
de calor infame
 y gira descendente hacia el sol.
Desde esta luz impersonal te hablo
ardiendo en la alborada de nuestros corazones
con caricias musicales;

por las inciertas palabras que te dije una tarde de marzo
y nos supieron a sal,
por el desamor y el oprobio que arde hoy como prurito
bajo mi piel;

te devuelvo tus tardes ajenas y extranjeras al polvo
de la ciudad,
te devuelvo el arsenal de besos en mi espalda;

 y el sueño y el descanso que peleas
como un tesoro enterrado bajo tus sábanas
y el millón de pródigos jardines que pudimos reproducir
en tan breve estancia:
tómalos de vuelta si esto te apetece
ahora que mi llanto recaudó las pasadas lluvias
y desbordó su cauce la memoria;

ahora que mis piernas todavía fuertes para sostenerme,
aun en la mitad del viaje,
deambulan sobre esta ciudad en ruinas,
es esta desconocida voz que ahora nace en mí
como un grito;

una urgencia que deseo arrancar de tajo
porque ahora no me sirve,
quise ser esa afamada soprano soplando grávidas arias
por el borde de tu astrolabio;

y alguna vez por descuido o por desdicha
seré Silvia Plath metiendo la cabeza en el caldero
para quemar la tristeza que hoy me agobia y me arrebata.

"Todos esos malhechores son unos

Fanfarrones;

a borbotones escupen su

arrogancia.

A tu pueblo Señor lo pisotean;
oprimen a tu herencia!
Matan a las viudas y a los

extranjeros

a los huérfanos los asesinan.
Y hasta dicen: "el Señor no

ve;

El Dios de Jacob no se da

cuenta."

(Salmo 94)

Heredad

Cuando fue que los hispanos inmigrantes
perdimos el derecho de ser americanos?

Transterrados de un país agonizante
seguimos aun siendo eliminados de nuestras propias tierras
por carteles asesinos,
Innombrables por nuestro gobierno,
ante la brutalidad inmisericorde que nos ahoga,
venimos a refugiarnos en estas tierras
donde somos sombras
cadáveres que arrastran otros cadáveres
fantasmas que ahora quieren deportar.

Aunque hallamos el amor y el decoro en este país
hasta cuando habremos de seguir pagando esta injusticia?
hasta cuando Ho Dios mío!
se alzara tu pueblo en armas

para defender el poco linaje de la sangre que ahora queda?

Porque a pesar de lo contrario,
seguimos siendo americanos,
reclamamos la pertenencia de nuestras tierras.

París

Aún aquí,
en este diminuto cuarto de hotel
donde eres asunto prohibido
veo tu imagen bordada entre las sábanas.
Me llega puntual tu rancio olorcillo de vinagre y menta;
aspiro una sonrisa oscura y torpe
mi apasionada memoria de coleccionista
insiste.
No quiero ser obsesiva,
sólo espero que la suave brisa apure y saque por la ventana
los inoportunos recuerdos.

Supervivencia

Hombre murciélago de ojos linterna
te di el poder para amarme
y te convertiste en sucio mercenario de mis emociones;

ya te arroje a la hoguera y devoré tu carne.
Enhiesta
Sé, por derecho propio,

que existo y soy mi propia hélice
sin ti.

Naufragio

Bebió su café con leche.
Al revolverlo
borró mis besos,
mis caricias.
Encendió un cigarrillo
sin hablarme
sin mirarme.
Dijo que se iba;
se levantó de la mesa
se puso su camisa de verano
y se marchó, sin decir adiós
sin mirarme
con la puesta del sol
sobre su espalda,
con su imagen reflejada
en mis pupilas.

SECRETO PARAÍSO

Mi encuentro con el ángel

 Cabizbaja y sin fortuna
provenía del polvo mundano de las horas extranjeras,
caminaba por caminar un tornado sin horizontes.
sin saberlo compasivo y nostálgico
caminaba a mi costado sin mirarme el también
muchas veces he sentido la brisa de sus alas
rozar mi entrepierna,
 padecer mis pesares
mis malvadas distracciones;
mis más caros atavismos y yo sin saberlo
esa sombra protectora de todos los tiempos
recuperó mi corazón
y yo no lo sabía.

Era sin duda el hombre quien yo siempre amé
quien ahora camina de mi lado bajo las aristas del fuego.
 El mismo a quien todavía no conozco
sentado cada tarde frente al río absorto en sus asuntos,
a quien yo tengo deseo y no, de hablarle.

Secreto paraíso

La cama era una pequeña isla
y nosotros Adán y Eva en el paraíso
de escarceos no previstos,
nuestra desnudez era la entrega,
la dicha para el otro que nunca nos avergonzó.
Tendimos trampas a nuestros corazones
como flores frescas
dividimos el silencio,
los cuerpos como frutos de temporalidad
rodaron zigzagueantes sobre la verde pradera de la alfombra
preguntándonos qué extraña fuerza nos mantuvo
girando en esa órbita demente sin descanso?
"Lo mas importante es la pasión," dijiste.

Niégalo ahora que vibras agónico
como círculos de agua en un estanque,
al mínimo roce de mi voz.

Estas horas para nombrar tu silencio

Sin duda permanezco arropada en el
sonido nocturno de tus versos recién descubiertos
que develan astros

Temblando ante lo desconocido
veo tu blanca silueta a contraluz
ayer sin pensarlo me liberaste del silencio
de la herrumbrosa cotidianeidad
y pude oler tu respiración a distancia,
tu mágico resplandor de hombre comprometido con su pueblo
y créeme,
se que Dios te bendice todos los días
por todas estas cosas
Tu nombre colorido me sabe a frutos de la pasión;
es tu oscura y valiente piel de paquidermo
que lucha por preservar una memoria
y entiendo que tan importante es

preservar una memoria ...

No te reprocho el haberme ahogado en el anonimato de estas horas
no
tan solo permanezco en la emboscada
de tus días ocupados de proyectos,

deséame un bonito día, una vez mas te lo pido
en el umbral de la mirilla de sueños
y emociones que te envuelven
consultando un oráculo demente
un mediodía demente
donde también sin duda
permanecerá mi algodonada sombra de ángel abatido y empolvado.

II

  marchitando a jirones en el otoño de tu conciencia
seré la voz misma de lo femenino
mi voz,
la tierra baldía que aprisiona la esperanza
y las lágrimas de aquellos
que no pueden comprender...
en absurda aventura me consumo
con la certeza de que todo se ahoga
exhalo con dificultad el ruido viscoso de mis penas
y eludo seguir describiendo el panorama.

Tuna

He visto más biznagas y cactus
que bosques en mi vida
he olvidado la melancolía
de los otoños continuos
pero no la que habita en tu mirada
espíritu espoleado de espinas

donde todavía …permanezco.

Genealogías

Mi otra yo,
la que avanza detrás de mí,
es una sombra que se desliza
como gacela nocturna
y acecha de modo infatigable
mi cuerpo:
es una espina enclavada en mi piel.
Mi otra yo sonríe
mientras toma borbón,
me cuenta la historia que le cuentan mis zapatos.

Mutante

Supongo que soy
una fina línea que se recorta en el horizonte
y se transforma, por las noches,
un una especie extraordinaria
cuando no es atendida

Mi roja piel entorpecida y tirante
arde, inepta,
se distiende.

Me quiebro ante el silencio
o me transformo enredadera,
planta exótica y selvática
de lagunas y riachuelos;

soy una oruga según la ocasión

Vea usted mi enorme pico,
las grandes fauces,
La cola punzante del escorpión que me acompaña
el hocico que se inflama de calumnias
No, no y no

"Eso no es para mí" usted dirá
¡Y por supuesto que no es para mí!
¡Ése es mi grito¡

Segunda Parte

PEQUEÑOS POEMAS ESCRITOS EN LA TARDE

El día

Ha llegado sigiloso a mis adentros
ilumina mi esqueleto
su pálida resolana despierta mi entusiasmo;
cruje
la arboleda de mis pensamientos,
este día y otros
pasan desapercibidos,
miro absorta su pálida faz:
soy también una sombra transparente y luminosa
a punto de estallar imágenes.

Sin título I

Añoro los hombres buenos,
son como dulces melodías
cuando llega el invierno.

Sin título II

Línea de tan prolongado goce,
curva o hálito menguante.
Parche sostenido por la mano de Dios
para que a la tierra no se le escape el amor,
la luna.

Sin título III

Veo a Dios deslizarse por
las esquinas de los tejados
y extender el cálido manto del verano:
lánguida melodía en otoño.

Disertaciones Light

Uno imagina que la vida
es sencillamente clara
y se embarca en esa aventura color rosa
para después darse cuenta,
muy lamentablemente,
que todo tiene un precio.

Caligrafías Azules

Con el horizonte del mar a mi disposición
he decidido escribir estas líneas;
la acción de escribir en sí
me conecta directamente
con fuerzas internas que desconozco.
 La orden fue enviada:
los músculos mueven mis manos
 este ejercicio me eleva
sobre cualquier especie animal
y me confabula con el misterio divino.

Lo juro

Veo a Dios deslizarse por
las esquinas de los tejados
y extender el cálido manto del verano
lánguida melodía en otoño.

Fleur du lis

Si pudiera acallar la voz del corazón
la silenciosa elegancia de los pétalos,
efímera sustancia
perfume que retiene su aliento
y por disimular ignora
sostener entre sus manos
la fina y quebrada línea de sus tallos:
la placidez del descanso en que reposa
el esplendor
se desborda la voz con que intenta la mirada
capturar la belleza.

Perlas de río

"para ser solo piedras en el altar de la memoria"
Olga Orozco
(Relámpagos de lo invisible)

Con el alma colmada de reproches
éramos necias caminantes
Transterradas de una ciudad inhóspita
sin hogar,
sin pertenencias,
sin abolengo.

Padecimos el silencio, la brutalidad y el rechazo
de una sociedad demente,
lo sabías con ese instinto natural con que aprendiste
a girar en el tránsito de las estaciones,
fuiste víctima del juego
por inocencia o por orgullo
¿quién lo sabe?
 aun menos que reliquias, éramos apenas dos piedras
medianas y sin inscripción alguna que rodábamos
sin dirección alguna sobre el pantano movedizo de la noche.

Un día el azar nos concilió con la fortuna;
 el vino dulce cauterizó nuestras heridas
fuimos próspera cosecha que postergó nuestra existencia.

MUJER FUMANDO EN LA VENTANA

Tampico

El resplandor dorado del alba se proyecta
entre las banquetas y el follaje de los terrenos baldíos
como lienzos extraídos de un artista anónimo.

Cierro los ojos, evoco la ciudad de los fuertes vientos
ciudad estival de palmas y árboles de mango
verdes jardines con ardillas y lagartos.

Aquí los días se iluminan
por la tenue brisa de días tropicalmente distintos
arrastran consigo rumores de ecos lejanos,
duermen con el susurro que envuelve sus noches.

Ciudad estival de antiguas esperanzas
que desemboca en el Támesis,
de cocos y lluvias torrenciales
que trazan con su canto
la delicada silueta de los recuerdos
convertidos en cicatrices
sobre las aceras y el asfalto.

Canción de la mañana

Las abejas erigen alrededor de rojas vísceras
Czeslaw Milosz

Vagabundeo sonámbula entre las plantas del jardín trasero
busco poemas como tesoros perdidos entre el pasto.

Y pensé mientras huía del lagarto en la maceta
que todo esto pretende ser tan científico y real
como la lluvia que ha comenzado a caer sobre mis hombros
 - a propósito de ríos-,
paralelismos que enmarcan geografías líquidas;
ha de ser que a estas horas el mundo cesó su movimiento,
porque hasta yo he comenzado a diluirme
y he tenido que rendirle cuentas a mi huida,
al teléfono que deje descolgado allá arriba
y responde en su grabación siniestra:
me detuve a esperar a las abejas que no he visto volar en un buen
tiempo
hola .... escucha, tal vez no te responda el día entero,
tal vez no te responda en una eternidad ....
me fui a rastrear a las abejas
para que no haya ningún sentimiento de desesperanza
que se aboque en mi vacío,
ningún silencio como catalizador de mi tristeza
y si me ahoga la tristeza será por estas lluvias que anuncian
un torrente inmenso de recuerdos que divagan melancólicos
por la gran vía
¿Y que haré con el miedo
que por los cuatro costados de mi aura
pretende ser naufragio ?

Desde temprano

La mañana despertó gris y húmeda
cuando los framboyanes aún dormían.
Encendí el televisor perdida entre sombras;
recuerdos virtuales vagaron inoportunos
espectros dormitaban en las bancas de los parques
con el alma carcomida por el cieno
y la ternura derramada en los bosques.
Vagué torpemente la mañana
en las desérticas colinas de mis sábanas,
en el olor a café que despide mi aliento
en la abismal quietud cuando regreso
y la abismal quietud cuando no estoy.

Mujer fumando en la ventana

Ella fuma enmarcada por la ventana
y por el humo que acaricia con sus manos.
Contempla las cenizas de un amanecer,
las manchas de polución en sus dedos.
Ella observa atónita cómo el amanecer
ha perdido sus colores
y lanza un aullido perpendicular sin esperanza
desde el fondo de su piel
trenzada de emociones inocuas.
Ella siente que ha perdido también
aquella chispa de la infancia
y se ha embarcado en el largo y oscuro viaje
de encontrarse a sí misma.

En reposo

Tranquila, me retraigo hacia mi universo simple
 poblado de una que otra tormenta
y dos o tres recuerdos aislados
a la espera de ser removidos de la cimiente áspera.
Estoy a salvo en este páramo
soy un pez sobreviviente
hay un clima propicio
donde una sustancia híbrida
me transporta automáticamente a mis raíces primigenias.
Soy de mi, aquí me pertenezco,
vago inmersa en el océano de mi existencia.

A una estatua

Se adentran los enigmas en la vida con sigilo
como se adentran las horas
¿Quién sería yo en este instante?
una sola réplica tal vez
de Santa Teresita de Jesús
con la mirada atenta al vacío
o el poema sin metrica
perdido en las proximidades del azar
contener la palabra
le da vida a la piedra
universo ágil ahora inmóvil y al margen
tiempo presa del fantasmal bronce
me despierta del miedo que da miedo.

Las zapatillas malditas

"Tu bailas la ira cantando
una ira larga y roja como tu corazón."
Rosario Ferre

Matas la cordura bailando
ingrata
recoges diariamente tu corazón
hecho pedazos en la acera.

Para no morir de hambre del alma
a todas horas bailas,
de halo en halo
de pie en pie
marcas el ritmo
porque a ti
lo que te hace falta es bailar
te lo dijo ese hombre conquistado
cuando te vio así,
bajo la sórdida anestesia del amor
y abandonada al llanto
con el cual te hiciste una cortina de acero
para bailar a costa de todo y de todos
por eso sigues al pie de la letra sus consejos
y bailas para que la mano siniestra del amor no te toque
bailas porque quieres hacerlo venir con esa danza tuya
que desarma a los hombres
con esa tranquilidad de señora bien
que te cargas todos los días al hombre, perdón, al hombro.

"¿Cuándo apostaste a él ?
¿A su cara linda de alcalde con futuro?
¿A su piel tostada de talabartería?
¿A sus modales exquisitos de príncipe ausente
a la hora del sueño?"

Bailas porque, tú lo sabes,

no te queda otra.

The Conqueror Street

Macario García fue un emigrante,
para mí un conquistador de pura cepa
que peleo en las fuerzas armadas de 1949.
El ayuntamiento ha dignado su lucha
otorgándole una calle en la ciudad espacial.
- Buenos días señor
le digo al vencedor que desciende
sobre la calle que lleva su nombre.
Camina delante mío unos 50 o 60 años atrás
yo solo sigo las huellas de sus pies
que besan las aceras.
Me pregunto si podré también ser yo
un guerrero conquistando tierras
hombres
corazones.

El español es una lengua singular

Florece, como quien prueba un vino dulce
por primera vez,
es el idioma de la fantasía y la libertad
muy al contrario pasa con el áspero formato del inglés
por ser una lengua tan Pólit, it's true
tan distante al contacto
por eso agradezco el esfuerzo
de los conquistadores de la Nueva España
quienes nos introdujeron el español inmediatamente
al llegar a nuestras costas,
ante la imposibilidad de comunicarse en un fiero dialecto.
Ahora soy como ellos y como tantos otros
aferrada a la leche materna, por eso,
gracias a Hernán Cortes cuando digo Álamo
siento que mis piernas y brazos reverdecen al instante.
El español tiene su gente de calibre,
su contienda infernal con el inglés
Desde que la Reina Isabel
Derroto a la armada invencible en 1588.
Estos dos mundos fluyen sobre mi cabeza
como una lucha de contrarios que exigen
darse la mano en pleno siglo XXI.
Mientras defiendo mi derecho a hablar el español,
inoportunamente, el inglés me recuerda que debo portar la bandera
del país en el que ahora vivo.
Sé que bajo ésta piel deliberadamente morena,

en las oscuras cuencas de mis pupilas,
no tendré manera de disfrazar las palabras:
"The first Spanish word I suckled at my mother's breast".

> "La fe es la garantía de lo que se espera,
> la certeza de lo que no se ve".
> Hebreos, 11

(1)

Lo único que importa es la Fe.

Ya que por Fe fue resuelto Job a juicio divino
y restauradas después todas sus pertenencias,
habiendo sido probado incluso por la voz del maligno.

por Fe danzaron entre el fuego
acompañados por el espíritu
 Sadac, Mesac y Abdenego.

Abraham saco de Egipto al pueblo de Israel
y convertía su vara en serpiente ante el Faraón
Persuadiéndolo del infinito poder de Dios entre la humanidad.
"creyendo así en el Dios que da vida a los muertos
Y que llama las cosas que no son como si ya existieran".

Por Fe la viuda de Sarepta fue elegida entre las viudas
Para alimentar a Elías y dar testimonio de la fidelidad divina.

La Fe del centurión fue aclamada por Jesús en Capernaum
Cuando se le acerco para ser visto e imploro
por una sola palabra de su parte para ver de nuevo.

Por Fe, Elena aseguro que con tan solo tocar su manto seria sanada
y así aconteció
cuando Jesús caminaba con dificultad entre la multitud.

Sabemos que durante las bodas de Canan   el agua fue

transformada en vino y derramada como sangre
entre los asistentes.

Podría citar muchos ejemplos a través de la historia
pero la certeza musical de la Fe permanece en mi,
y en el poema.

Mientras dure esta Fe, estaremos vivos y a salvo.

Vuelo de palomas

Contemplo el imperceptible boceto de un vuelo,
amarillento y desteñido tapiz sobre la luna de mi espejo;
pudiera ser sólo un milagro óptico,
cuestiono la posibilidad de éste y otros fenómenos
que he observado en la brevedad de mi vida.
El escarbar con las uñas la tierrahasta salir a la superficie
me ha costado por lo menos diez años de mi existencia.
 Ahora que transito en vía libre
observo a los jóvenes de veinte
tropezar con los mismos escalones.
Me agobian los años que habré de seguir escalando para salvarme;
las observo con el rabillo del ojo
y me siento en el patio trasero de la casa
a brindar por su salud.

Epilogo

¿Con quién habla Lourdes Olmos?

Con las horas y los minutos. Con el viento y los ríos. Con las plantas y los árboles. Con el trueno y las sombras. Con la esperanza y el pasado. Con el futuro y la melancolía Con el presente y la felicidad. Con la noche y el día. Con el hombre y la mujer. Con la vida y la muerte.

Ella habla hoy con el fantasma de la cotidianidad.

Fernando Vega y Gómez
Pintor y escritor Tamaulipeco
Autor del libro "Clic, Clic".